「涙」と「感動」が幸運を呼ぶ

矢島 実

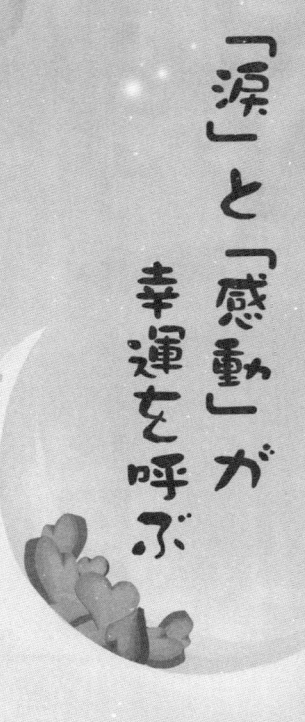

矢島実氏が社会奉仕の一環として発行した、
無料小冊子「涙と感動が幸運を呼ぶ」。

この冊子は、わずか5ヵ月で2万人に配布し、
その多くの方から感動の声が届きました。

本書はその感動の冊子を、
大幅加筆して書籍化したものです。

目　次

はじめに　　6

1章　子どもを通して学ぶ

1. 喜びを与えた人に、喜びが与えられる　　16
　〜ディズニーランドのおもてなし〜
2. 私の夢は、大人になるまで生きること　　24
　〜懸命に生きる子どもたち〜
3. みんな、そのままでいいんだ！　　29
　〜世界を救った雪絵ちゃんの願い〜
4. 子どものSOS届いてますか？　　36
　〜小学3年生のM君が盗んでしまったわけ〜
5. 信じてくれる人がいれば大丈夫　　44
　〜マウスを見つけた
　モリス（スティービー・ワンダー）君の大きな変化〜

2章　人を通して学ぶ

1. 俺は、本気で生きてるか？　　56
　〜元お笑い芸人"てんつくまん"の挑戦〜
2. 夢は実現するためにある　　63
　〜オリンピック選手"福井秀郎"さんが神社に書いた言葉〜
3. 祈り、努力し続けることで願いは叶う　　68
　〜大リーガーと少年が起こした奇跡〜
4. 一緒に乗り越えてくれる人をずっと捜していた　　75
　〜出産後の試練をチャンスととらえたお母さん〜
5. 君は一人で大人になったんじゃない　　80
　〜新入社員の不思議な入社試験〜

3章　歴史や人生の先輩に学ぶ

1. 強く８秒間抱きしめる　　　　　　　　　　86
   〜エジソンを支えた母〜

2. 私たちはあなたを忘れない　　　　　　　　93
   〜多くのユダヤ人を救った杉原千畝〜

3. 世界中から尊敬されていた戦時中の日本　　103
   〜"和の心"で捕虜に接した日本人たち〜

4. 地獄と極楽はいつも隣り合わせ　　　　　　110
   〜辛い思いが趣味でも幸せなお坊さん〜

5. 人は、行動の中にこそ「意味」がある　　　116
   〜お釈迦様の高弟周利槃特の教え〜

おわりに　　　121

参考文献　　　127

矢島実のオススメ本　　　128

はじめに

みなさん、こんにちは。

この本を手にとってくださり、本当に
ありがとうございます。

この出会いが、皆さんにとって少しでも
プラスになったら、自分は嬉しいです。

先日、わが社の女性スタッフに、すごく
良い話を聴きました。

どんな話かというと、彼女が参加した介護系の
セミナーの講師の先生が言っていたお話です。

ある施設に認知症のおじいさんがいました。

このおじいさんが、ある時、看護師さんに向かって
こう言ったそうです。

「俺は、ロシアにいきたい」

そう言って、壁にかけてある帽子をとり、
外出しようとしたのです。

そこで、その看護師さんは慌てて、
おじいさんにこう言いました。

　「あ、ちょっと待って下さい。用意してくるので…」

そう言って彼女はスタッフルームに戻り、
用意をして戻ってきました。

そして、おじいさんに言いました。

「おじいちゃん、残念だけど…
今日、ロシアお休み！」

それを聞いたおじいさん、

「ほー、そうか、じゃ止めておこう」

そう言って、帽子をもとに戻したそうです。

いい話でしょう。(笑)

けれど、この話の中には、重要なメッセージが
たくさんあります。
まず、この看護師さんが認知症のおじいさんが

いうことを、鼻から否定しなかったこと。
相手の話を聴いて、受け入れてあげて、
それからどう対応しようか考えたこと。

そういう思いやりが、これからの時代に必要な
考え方なんじゃないかな〜と思い、この本のはじめに
書かせて頂きました。

私は、誰のどんな生き方も否定したくありません。
というより、否定などできません。

私はもともと不良で、中学時代は親も先生も
手がつけられないような悪いことをたくさん
やってきました。

さらに、幼少期には階段から落ちて、肝臓破裂。
小学時代は、難病の一つのネフローゼにも罹りました。

そんな人に迷惑ばかりかけてきた自分が、
今こうやって元気に幸せに過ごせているのです。

もう、これだけでも本当に有り難いことです。

だから、私は人をとがめたり、批判することは

はじめに

したくありません。自分がダメな人間だからです。

ダメな人間でも、どうしたら良くなるのか、
ここに良いたとえ話があります。

それは、ノミの話です。
ノミって、あの小さなノミです。
あのノミが飛ぶって皆さん知ってましたか？

それも１ｍ近く飛ぶらしいんですよ。
凄いですよね。人間に例えると３００ｍ位の
ジャンプ力らしいんです。
本当かどうかは、知りませんが（笑）

そのノミたちを、３０ｃｍ位のビンに入れるんです。

すると、１０数秒もしないうちに、みんな
ジャンプしてビンから逃げて、
どこかへ行ってしまうそうです。

友だちと映画に行ったり、家に帰るのかも
知れませんね。（笑）

けれど、今度はノミたちを入れたビンに

蓋をするんです。
すると、ノミたちは何度も何度も蓋にぶち当たり、
同じように逃げようとします。
けれど、何分かすると、もうそのノミたちは、
ジャンプすることを止めてしまうそうです。
逃げられないから…。

何回やっても、無理だから、とうとう
諦めてしまうんです。

ビンの上の蓋をとっても、
もうノミたちは逃げないのです。

完全に、諦めてしまったのです。

机の上に置いてあげても、
もうほとんど、飛ばない。

そうやって、諦めてしまったノミたちが、
どうしたらまた、昔と同じように
飛べるようになると思いますか？

その方法がたった一つだけあるそうです。

はじめに

何だと思いますか？
ちょっと考えてみてください。
その方法は、

　「飛んでいるノミたちと一緒にさせる」

ことだそうです。

このお話は、今飛ぶように活躍している
中村文昭(なかむらふみあき)さんと大嶋啓介(おおしまけいすけ)さんの共著
『僕たちの"夢のつかみ方"をすべて語ろう！』
に載っているお話です。

中村文昭さんは、年間３００回を超える講演を
してくれていますから、その講演を聴きに行くだけでも、
きっと、人生が変わります。

私は、中村さんの講演を聴いて、何度も泣きました。

さらに、居酒屋「てっぺん」の大嶋啓介さんは、
朝礼で有名です。日本中から居酒屋「てっぺん」の
朝礼を見にたくさんの人が訪れるそうです。

この２人、これからの日本を熱くしてくれる
すごい人たちです。

話は戻りますが、このノミの話、
まったく人間にも置き換えて考えられますよね。

私たちは今まで、親や先生、友だちに、
ダメだ！無理だ！お前にはできないよ。
と諦めさせられてきました。
（＊みんな自分の為に言ってくれたんだと思いますが…）

人が知らず知らずに発する、
マイナスの言葉によって、夢や希望を
捨てた人も大勢いるでしょう。
けれど、その人たちが、この飛べなくなった
ノミたちと同じように、また夢を持って飛べるように
なるとしたら、

それは、

　「夢や希望を持って生きている人たちと一緒にいる」

事なんだと思います。別の言い方をするなら、

　「困難に立ち向かったり、困難を乗り越えている
　　人たちの姿を見たり、その話を聞いたり、そういう人の
　　本を読むこと」

なんだと思います。

だから今までダメだった私が、飛べるように
なったすごい人や、困難を乗り越えてきた人の話を、
この本の中でたくさんご紹介して、皆さんが
子どもの頃の輝きを取り戻してくれたら、
この本を書いた「意味」があると思っています。

どうか、ほんのちょっとでも良いので、
自分が気になるページだけでも読んでみてください。

そうしたら、あなたがお手本にしたくなる人生を
歩んでいる人が見つかるかも知れません。

本来、「学び」とは、「勉強」のように、強いられて
頑張ってやるものではありません。

「学び」とは、自分のお手本となる人を見つけて
真似ていくことなんです。真似る（まねる）が、
学ぶ（まなぶ）になったのです。
だから、今の子どもたちに夢や希望がないのは、

私たち大人が、夢と希望を持って生きていない
からなのかも知れません。

子どもたちが、学びたいと思うような大人が
増えれば、世の中は自然に良くなっていきます。

そのためにも、是非この本の中から、
あなたが「真似たい」人を見つけてみてください。
そして、世の中を前向き・肯定的に生きて頂けたら、
これほど嬉しいことはありません。

ちなみに、小・中学時代の私の国語の成績は、
クラスで最低でした。(笑)
そんな私の書いた本ですので、読みづらいところは、
どうかお許しください。けれど、心を込めてこの文章を
書いています。

多くの方々に、生きる希望の光が灯されますように…。

ありがとうございます。

感謝

　　　　　　　　　　　　　　　　　著者　矢島　実

1章

子供を通して学ぶ

1. 喜びを与えた人に、喜びが与えられる
～ディズニーランドのおもてなし～

まず、初めにご紹介したい話は、とても有名な
ディズニーランドのお話です。けれど、私の人生で、
この話が一番感動しました。また、繰り返し読んでも、
涙が出てきます。

私も、こう言う人になりたいと一番思った作品なので、
是非、初めての人も繰り返しの人も読んでみてください。

私の好きな比田井和孝さん、美恵さんご夫妻の著書、
『私が一番受けたいココロの授業』
（ごま書房新社）から抜粋させていただきます。

●·····················●

ある日、ディズニーランドのインフォメーションに、
お母さんが元気なさそうにやってきて言いました。

「実は今日、子どもと一緒に来たんです。

　子どもが、ミッキーちゃんだとか、ミニーちゃん

だとかの
キャラクターにサインをしてほしいと言って
いたので、
サイン帳を持ってきたんです。
子どもは、キャラクターを見つけては、
一人一人にサインを書いてもらっていました。
そして、あと少しでサイン帳が全部埋まる、
というところで、
そのサイン帳を失くしてしまったんです。

　落し物で届けられていないかと思って
　来てみたんですが、ありませんか？」

そのインフォメーションには、サイン帳は届けられて
いませんでした。
そこで、そのキャストは、
考えられるいろんな所に電話をしてみました。
ところが、どこにも届けられていなかったんですね。

そこで、そのキャストは、サイン帳の特徴を詳しく
聞いた後、

　「いつまでご滞在されますか？」

と聞いたそうです。
その家族は２日後のお昼には帰らなければならなかった
そうです。

キャストはそれを聞くと

「それでは、この後、もう少し探してみますので、
２日後、お帰りになる前に
もう一度こちらにお寄りいただけますか」

と言ったそうです。そして、お母さんが帰られた後、
そのキャストは、さらに細かな部署に電話をかけて聞いてみたり、
自分の足で、駐車場や心当たりのある場所を探し回ったそうです。
ところが、どうしても見つからなかったんですね。
で、そのキャストは、どうしたかと言うと、
**そのサイン帳と同じサイン帳を自分で買って、
自分の足で、いろんな部署をまわって、
キャラクターのサインを全部書いてもらって
当日を迎えたそうです。**

普通ここまでやりますか？
私なら多分やらなかったかもしれません。
時給で働いているアルバイトだったら、
社員だとしても残業代が出なかったら、
私はやらないと思います。

でもなぜ、そのスタッフはそこまでやったのか？

当日は、お父さんがやってきました。
多分ほとんどあきらめていたと思います。
キャストは、お父さんに言いました。

　「申し訳ございませんでした。
　サイン帳は見つけることができませんでした。
　でも、お客様、こちらのサイン帳をお持ち帰り
　ください」

お父さんがビックリして中を見ると、
キャラクターのサインが全部書いてあったんですね。
お父さんは、もちろん大喜びして、
　「ありがとうございます！」
と持って帰ったそうです。
…で、この話はまだ終わらないんです。
後日、ディズニーランドにそのお父さんからの、
一通の手紙が届きました。
原文のままではないのですが、
こんな手紙だったのかもしれませんね。

先日は「サイン帳」の件、ありがとうございました。
実は、連れて来ていた息子は脳腫瘍で
「いつ死んでしまうかわからない」…そんな状態の時でした。

息子は物心ついたときから、テレビを見ては、

「パパ、ディズニーランドに連れて行ってね」
「ディズニーランド行こうね」
と、毎日のように言っていました。

「もしかしたら、約束を果たせないかもしれない」
…そんなときでした。
「どうしても息子をディズニーランドに連れて行って
あげたい」
…と思い、

命が、あと数日で終わってしまうかもしれないと
いうときに、
ムリを承知で、息子をディズニーランドに連れて
行きました。

その息子が夢にまで見ていた
大切な「サイン帳」を落としてしまったのです。
あの、ご用意頂いたサイン帳を息子に渡すと、息子は、
「パパ、あったんだね！パパありがとう！」
と言って大喜びしました。

そう言いながら息子は数日前に、息を引き取りました。

死ぬ直前まで息子はそのサイン帳を眺めては、
「パパ、ディズニーランド楽しかったね！
ありがとう！　また、行こうね」
と言いながら、サイン帳を胸に抱えたまま、

1章　子供を通して学ぶ

永遠の眠りにつきました。

もし、あなたがあの時、
あのサイン帳を用意してくださらなかったら、
息子はこんなにも安らかな眠りにはつけなかったと
思います。

私は、息子は「ディズニーランドの星」になったと
思っています。
あなたのおかげです。本当にありがとうございました。

手紙を読んだキャストは、その場に泣き崩れたそうです。

もちろん、その男の子が死んでしまった
という悲しみもあったと思いますが、
　**「あの時に精一杯のことをしておいて、
　　本当に良かった」**
という安堵の涙だったのではないでしょうか。

●・・・・・・・・・・・・・・・・・・・・・・・・・・・●

この話には、**「学び」**や**「気づき」**がたくさん
あります。

このキャストが、普通に仕事をしているだけなら、
ここまでできなかったと思います。会社の為でも、
ここまでできないと思います。

キャストはきっと、
「人が喜ぶ」ことを、いつもやっているから、
この機会を生かせたのだと思います。

この話を読んで皆さんは、どう想いましたか？

キャストは、そのお父さんと子どものために
一所懸命やりました。
そのおかげでお父さんと子どもが感動しました。

けれども、そのお礼の手紙を読んだキャストが
本当は一番感動してませんか？

まさに、
与える者は与えられる。
自分のためではなく、お金の為でもなく、

　「人に喜びを与えた人に、
　 さらに大きな喜びが与えられる」

ということだと想います。

こんな面白いデータがあります。
それは、「あなたは今幸せですか？」と聞いた
アンケートの結果です。
幸せと答えた人には、ある共通点がありました。

幸せな人生を過ごしていると答えた人は、

「人を幸せにした人」「人を喜ばせている人」
「人を褒めている人」

でした。

逆に、幸せでない人生だと
答えた人の共通点はなんだと思いますか?

それは、

「自分の幸せだけを考えている人」

でした。

お金があるとか、地位があるとか、
そういう事は、「幸せ」とはあまり関係がないんです。

それよりも、人に喜んでもらい、
人に幸せを与えている人は、人生が充実している。

逆に、地位やお金があっても、人に喜んでもらったり、
人に必要とされないと、人間の心は満たされないんですね。

2．私の夢は、大人になるまで生きること
～懸命に生きる子どもたち～

世界には、貧しさが原因で死んでいる人が、
1年間にどれくらいいると思いますか？

1年間に、1500万人もの人が、貧しさが
原因で亡くなっているのです。
そのほとんどが、子どもたちです。

何の罪もない子どもたちが、今も次々に
亡くなっているのです。

けれど、日本に住んでいる私たちは今日の食事すら、
感謝して食べていないかも知れませんね。

日本は、アメリカと並ぶ、世界でもっとも贅沢な
国民の一つだそうです。

どういう事かと言うと、日本とアメリカの人口を
足すと、約4億人いるそうです。

世界の人口の7％程度です。

しかし、世界の食料とエネルギーの半分近くは、
この2国で消費しているのです。
そして、食料がなくて苦しんでいる人も大勢います。

さらに、世界の食料のほとんどを食べているのに、
食卓に並ぶ食事の2割から3割が、残飯として
捨てられています。

経済大国、豊かな国とは、
こういうものなのでしょうか？

こういう世界の現実を伝えてくれている方に、
カメラマンの池間哲郎さんがいます。

池間さんの小冊子
「懸命に生きる子どもたち」池間哲郎　著
の中にこんなお話が載っています。

●·······················●

池間さんが、フィリピンのゴミ山
「スモーキーマウンテン」で、出会った子どもたちを
ピクニックに連れて行った時のお話です。

弁当を持って、ピクニックに行って、
時間が来て弁当のフタを開けました。

この子たちは、いつも粗末な食事しか
していないから、今まで食べたことのない
ようなごちそうを見て、キャーキャーキャーと、
みんな喜んでいました。

すごいって言って、
ジャンプして喜んでいる子もいました。

しかし、突然ある事が起こりました

全員が弁当のフタを閉じてしまったのです。
誰も一口も食べてくれないのです。

私がずっと黙っていたら、6歳くらいの
小さな女の子が、私の前にトコトコトコと
寄ってきて、泣きそうな顔で、

　「おじさんにお願いがあります」
と言いました。

　「何ですか？」
と聞いたら、この少女は

　「こんなご馳走は、私一人で食べることは
　できません。だから、家に持って帰ってお父さん
　お母さんと一緒に食べていいですか？」

って、聞くんです。
全員が同じ気持ちなんです。

結局だれも一口も食べないで、全員、
弁当を持ち帰りました。

貧しくても、家族の絆は強いのです。

●······················●

フィリピンのゴミ山に住んでいる６年生位の女の子に、

「あなたの夢は何ですか？」
と聞くと、

「私の夢は、大人になるまで生きること」
と答えたそうです。

当時、池間さんがこのゴミ山に行った頃、
そこには３万人以上の人が暮らしていたそうです。

そして、１５歳まで生きれるのは、
３人に１人だったそうです。

これが、世界の現実なのかも知れません。

日本だけを見ている私たちにとって、
目も当てられない現実があるんですね。

この話を聞くと、嫌いなものを残したり、
ご飯を粗末にしていた自分が悔やまれます。

もしかしたら、裕福になるという事は、
気をつけないと、心の豊かさを失ってしまうのかも
知れませんね。本当に気をつけないと…。

自分たちは、今何でもある世界に住んでいるのに、
自分の食事を我慢してまで、
親に食べさせてあげたいと思えるでしょうか？

こういう子どもたちがいるという事、
世界には貧困で苦しんでいる人がたくさんいるという事を
子どもたちに伝えていくのも、
私たち大人の役目かも知れませんね。
是非、池間さんの小冊子を読んでみて下さい。

池間さんの活動：NPO法人アジアチャイルドサポート
http：//www.okinawa-acs.jp
小冊子の問い合せ：TEL098-938-0100

3. みんな、そのままでいいんだ！
～世界を救った雪絵ちゃんの願い～

私の小冊子「涙と感動が幸運を呼ぶ」（無料）
にも書きましたので、ご存知の方も多いと思いますが、
私の長男は障がいを持っています。

現在9才になりますが、片言の言葉を話し、
フラフラながら歩くことができます。

水頭症や小児麻痺などの
症状が赤ちゃんの時からありました。

私は、前向き志向なので、
神様がチャンスを与えてくれたんだと信じ、
日本中の有名な先生や治療の先生、
気功の先生、霊能力者の方を探し、
治療をして頂きました。

また、自身も治療家として
必死にやってきました。

もちろん、今も、続けています。

けれど、息子の病気のお陰で、
世界中の素晴らしい知識や技術を
持った方々に出会いました。

今では、日本国内で「代替医療」に
ついては、一番詳しい人間の一人になって
しまったかも知れません(笑)

しかし、先日友人に頂いた
「雪絵ちゃんの願い」(山元加津子著)
という冊子を読んで、

　「やっぱり、みんなそのままでいいんだ」

と思いました。

その冊子の中には、
「1/4の奇跡」という話が載っていました。

知っている方もいると思いますが、

ここで紹介しますので、
是非、読んでみてくださいね。

アフリカのある村で、
マラリアが大発生するんですね。

マラリアって、けっこう、
怖い病気で、どんどんどんどん
その村の人がね、
死んでしまうんです。

どんどんどんどん人が死んで、
その村が絶滅してしまうんじゃないか
ってそう思ったのに、絶滅しなかったんです。

なぜかというと、
マラリアにかからない人が
いることがわかったんです。

で、いったいどんな人が
かからなかったんだろうって思って、
お医者さんとか、科学者の人が
血を採って調べたんですね。

そうしたら、あることがわかったんです。

鎌状(かまじょう)の赤血球を持っている人は
マラリアにかからないということが
わかったんだそうです。
それで、さらにお医者さんは、
鎌状赤血球を持っている人の
兄弟を調べられたんだそうです。

で、鎌状赤血球を持っている人の兄弟に、
集まってくださいと言ったときに、
鎌状赤血球を持っている兄弟の1/4の人は、
鎌状赤血球を持っていて、障がいを持っている
ということがわかったんだそうです。

そして、鎌状赤血球を持っている
兄弟の2/4の人、この人たちは、
鎌状赤血球を持っていて、障がいを
持っていないということが
わかったんだそうです。

そして残りの1/4の人は、
鎌状赤血球を持っていない。
障がいも持っていない

と、いうことがわかったんですね。

マラリアがばーっと大発生したときに、
この鎌状赤血球を持っていない
人たちが亡くなってしまいます。
で、生き残るのは、
３／４の人なんですね。

●············●

けれど、この鎌状赤血球をもち、障がいを持った
1/4の存在がいなければ、もしかしたら
世界中の人が、マラリアで
亡くなってしまったかも知れませんね。

と言う事は、人類を救うためには、
誰かが鎌状赤血球と障がいの両方を持って生まれて
くる必要があったのかも知れません。

「障がい者」という
チャレンジャーな姿で…。

この冊子は、障がいを持って
生まれた雪絵ちゃんと、

一緒に過ごした病弱養護学校の
山元加津子先生が、雪絵ちゃんの
死の直前までの出来事を綴った
ものです。

死の直前に、雪絵ちゃんは、
こう伝えてくれました。

「一人一人がみんな大切で、
自分のこと大好きでいいんだよ」

多発性硬化症と言う
熱が出るたびに、目が見えなくなったり、
体が動かなくなっていき、
最後に全身が動かなくなっていくという
恐怖の中で、幼い女の子が残していったメッセージ。

私には、こう伝わりました。

「みんな、そのままでいいんだ！
世の中に、必要でない人なんていないんだ。
みんな必要だから、この世に生まれたんだ」

雪絵ちゃんを見習って、
私も「障がい」と言う人生を選んだわが子と
共に、これからも楽しく生きていきたいと思います。

そして是非、山元加津子さんの
『雪絵ちゃんの願い』というお話を世の中に
広めてあげて下さい。

下記ホームページをご覧になって
見て下さいね↓↓

山元加津子公式サイト
http://www005.upp.so-net.ne.jp/kakko/

4．子どものSOS届いていますか？
～小学3年生のM君が盗んでしまったわけ～

先日、『みやざき中央新聞』の編集長である
水谷もりひとさんと一緒に講演をしました。

水谷さんの書いた『日本一心を揺るがす新聞の社説』
は本当に感動しますので、是非ご一読下さい。

今回は、『みやざき中央新聞』に掲載された
北九州少年サポートセンターの安永智美さんのお話です。

子どものSOS届いてますか？

子どもの盗みは愛を求める代償なんです。

小学校3年生のM君は盗みをする子でした。
大人の盗みはただ物や金に目がくらんでしますが、
子どもの盗みは、愛を求める代償行為です。

物や金が欲しいわけではないんです。
M君の万引きは2年生から始まりました。

毎日何かを盗むんです。

それがわかるとお母さんはM君を叩いて叱ります。
それでもやめないんですね。

ほとほと困ったお母さんはサポートセンターに
電話してきました。
泣きながら、

　「捕まえてくれー」

と言うんです。

　「でなければ殺してしまいそうだ。
　　夕べも寝ているあの子に手をかけてしまった」と。

　「お母さん、大丈夫よ。子どもの盗みは必ず
　　止まります。
　　その代わりお願いがあります。
　　これまで　叩いて叱ってきましたね。
　　これからは１対９の割合でいきましょう。

　　万引きをしたら、叱りは１です。
　　きっちり叱って下さい。
　　でも９はぎゅっと抱きしめて泣いて下さい。
　　そしてお母さんの悲しい気持を伝えて下さい」

と言いました。

　「お母さんは苦しい。でも、悪いことするあなたも、
　　いいことをするあなたも、お母さんの好きは
　　変わらないよ。
　　私の大事な子どもだから。信じているよ。

　　どうかこの手を、悪いことに使わないでね、
　　と言ってあげて下さい」と。

私は私でM君に言いました。

　「M君、どっちの手で盗るの？」
　「右手」

　「じゃあ左手で右手を止めな。
　　止められたら、お母さんでもいい、先生でもいいから
　　止められたことを報告して」と。

１ヶ月後、お母さんから電話がありました。
また泣いていました。

でも、最初の電話の涙と違います。

　「１年間続いた盗みが止まった。信じられない」

という涙でした。

でも私はそう簡単に信じません。
直接、M君に会って話を聞きました。

「M君、もししたときはしたって正直に
　サポレンジャーのレッド隊長（私）に話してね。
　本当にもうやってないの？」
「ボクはレッド隊長にウソなんかつかない。本当だよ」

と言いました。

「だってね、今まではいつものお母さんはボクを
　叩いて、
　『出て行け、もう要らない』

　と言って、泣き狂っていた。
　でもこの前、お母さんはボクをぎゅっと抱きしめて
　わんわん泣くんだ。

　こんな悪い僕を

　『大好きだからね。信じているからね』

　と言ったんだよ。
　そしたらボクの胸がすごく熱くなったの」

って言いました。

そして、彼が次に盗もうとしたとき、お腹の底から、

「ダメだ。ママが泣いちゃう」

と思ったそうです。

それから、私に言われた通り自分の右手を左手で止めたんです。

止められた日、そのことをお母さんに言うと、
またお母さんは彼を抱きしめて

「よく止められたね、えらかったよ」

と言ってまた泣いたと言うんです。
それから彼の盗み癖がぴたりと止まりました。

この子は本当はすごく良い子なんです。
じゃあなぜ盗みをするようになったのか。

お母さんに聞いてみました。

ちょうど万引きが始まる２、３ヶ月前、
ご両親が離婚しています。

その時、彼はお父さんが大好きだったのに、
「悲しい」とか「イヤだ」とか一切言いませんでした。

その後も、お母さんに気を使って、
お父さんに会いたいのに「会いたい」と
言えませんでした。

お母さんは毎日愛情を注いでいたのに、
そこの部分が満たされていなかったのです。

それから、お母さんと相談して彼がお父さんと
会えるようにしました。

お父さんの家に泊まってくることもみとめました。
M君にとって大切なお父さんとの別れは
大きな悲しみだったのです。

●······················●

子どもの事件は、このように、ほとんどが
親の愛情不足が原因だと思います。

愛情不足と言うと、何だか物を買ってあげたり、
お金をあげることだと思う
ご両親もいるかも知れませんね。

けれど、本当の愛情って、
間違った時にきちんと叱り、
子どもの話を聞いてあげ、しっかりと
抱きしめてあげることなんだと思います。

子どもは、本当は、物やお金が欲しいんじゃないんです。

親に愛されているという、実感が欲しいのです。

だから、
好きな親に自分の話を聞いてもらえなかったり、
自分をわかってもらえないのが、
とっても辛いんです。

私も、小学・中学と落ちこぼれで、
とにかく寂しかったので、この子の気持ちが
本当によくわかります。

だれでも、犯罪を犯すか犯さないかは、
紙一重なんだと思います。

その差は、自分を信じてくれる人を裏切れるかどうか…。

誰か一人でも、自分を信じてくれている人がいると、
その一歩を踏み入らず、道を間違えることが
なくなるのだと思います。

それでは、いよいよ、
私の小中学校時代のお話をしましょうね。

5. 信じてくれる人がいれば大丈夫
~マウスを見つけたモリス(スティービー・ワンダー)君の大きな変化~

今度は、私の話です。
実は私、小学生の頃、ひどいイジメにあっていたんです。

学校に行っても机の上に塩が置いてあったり、
黒板に「バカ、死ね」なんて書いてあって、
本当に学校に行きたくなかった。

そう言えば、なんで机の上に塩が置いて
あったかですけど、ちょうどそのころ私は、
ネフローゼという難病にかかって、
2、3カ月学校を休んでいました。

そして、常に塩分を控えるように
お医者さんに言われていたのです。

塩を摂り過ぎてはいけない体だったんです。

だから塩は、自分に対する「早く死ね」という
メッセージだったんですね。

結構辛かったです。今だから話せるけど。
でも正直、母親や父親には
いつも強がったことばかり言っていたので、
自分が今「苦しい……」「助けてほしい！」
なんて口が裂けても言えませんでした。

その代わりに言えた言葉は、
母に対しては「バカヤロー」、「うるせー」でした。
父親のことは、「無視」。

本当に申し訳ないことばかりでした。
今では、かなり良い人になってるのに（笑）

「とにかく寂しかったんです。孤独だったんです。」

だから中学校に上がっても私は荒れていました。

他校の生徒とケンカをしたり、
パトカーにも２度乗せられました。

万引きもたくさんやりました。

「多分、誰かに振り向いて欲しかったんです。」

この頃、私はどの友達の親にもこう言われていました。

「矢島と遊んではいけない！」

だから、一緒にいるのは、ほんの少しのワルだけ。

けれど、勉強もできない、
世の中の役にも立たない、
そんな私に転機が訪れたのです。

それは中学1年生から3年生まで私の担任を
してくれたC先生のおかげです。

中学2年の時、
C先生は私たちの行動にあきれたのと、
私たちの将来を心配してこう言ってくれました。

「毎朝、少し早く学校に来て先生と一緒に勉強しないか？」

というより、半ば強制的に「来い！！」と
いうようなものでした。

私たちは、その朝の勉強会に
最初のうちは興味半分で行きました。

しかし、だんだん1人減り2人減り、
やがてみんな勉強会に行かなくなりました。

そんなある日、C先生が私たちを
本屋に連れて行ってくれました。

「難しい問題集じゃなくて
　自分達が好きで、できそうな問題集を
　好きなだけ買え。お金は先生が払うから…」

「先生お金持ちなんだな！」

と思いながら、
私たちは、かなりの時間をかけて**簡単そうな
問題集を探し**、1人2、3冊買ってもらいました。

しかし数日後、
私はその本をゴミ箱に捨てました。

やっぱり勉強はやりたくなかったし、
好きではなかったからです。

しばらくして、そんな態度を見かねたＣ先生が、

　「お前たち、たまには先生の家に遊びにこないか？」

と誘ってくれました。
ちょうどＣ先生には、
赤ちゃんが生まれたばかりだったので、
さっそく仲間たちと一緒にＣ先生の家に行きました。

私はＣ先生の家の前に立った瞬間、
立ちすくみました。鳥肌が立ちました。

　あれだけの本を買ってくれた
　先生の家が、古くてぼろいアパートなんです。
　（先生、ごめんなさい）

先生はお金に余裕があるから、
たくさんの問題集を買ってくれたと思っていたのに…。

私は比較的裕福な家に育ちました。
当時の先生と比べたら、
ずっとお金持ちでした。（すみません）

私は、ちょっと具合が悪くなりました。

けれど、そのまま先生の家に入りました。

小さな部屋でした。
夫婦２人と赤ちゃんが、古くて小さい部屋に
住んでいました。
とても贅沢とは、ほど遠い家でした。

**こたつの上には、私たちのために一所懸命に
作ってくれた豪華な料理がありました。**

その横でとっても可愛らしい赤ちゃんが
ニコニコしていました。

私は一瞬、自分の心をハンマーで
たたかれたように苦しくなりました。

こんなに生活を切り詰めてやっている先生が、
いくら生徒とはいえ、赤の他人の俺たちに
沢山の問題集を買ってくれた。

奥さんや赤ちゃんには質素な暮らしを
させておいて、

やるかやらないかもわからない

俺たちに、無理して問題集を買ってくれたんだ…。
申し訳ない。本当に申し訳ない。

こんなろくでなしの自分が嫌で嫌でしょうがない。
私はその問題集に全く手をつけることなく、
非情にも捨てたのです。
完全に人間のクズです。
人の心も有難みも感じない、
私はこの世に存在する価値もないクズなんだ。

本当に、そう想いました。

とめどなく涙があふれてきました。
先生ごめんなさい。本当にごめんなさい。

私は、いそいで先生の家をでました。
というより苦しくて、
一秒でもその家にいられなかったのです。

私は帰り道、先生と一緒に行った本屋へ
走って行きました。

先生が買ってくれた問題集を自分のお金で買いました。
それから毎朝、私は先生の待つ教室へと通いました。

私はどんどん勉強ができるようになり、
授業で手をあげて答えるのが楽しくなりました。
生まれてはじめて、勉強を楽しいと思えたのです。

感動でした。
勉強って、楽しいな！と想えたことが…。

C先生のおかげで、
私は最終的に慶応義塾大学まで
進学することができたんです！
信じられないでしょう。(笑)

私は、この時に気づきました。

「ダメな人間でも、信じてくれる人がいれば大丈夫」

だと。

ここで、もうひとつ「信じてくれる人の大切さ」
について教えてくれる話をご紹介します。

この話は、私が心から尊敬している木下晴弘さんの著書、
「ココロでわかると必ず人は伸びる」
(総合法令出版) の中で語られているお話です。

アメリカの学校で理科の授業中、実験に使っていた
マウスが逃げ、どこに隠れたのかわからなくなった。
女性の教師はみんなに捜させたが見つからない。
そこで全員を席に着かせ、自信たっぷりにこう言った。

**「これだけ捜して発見できないのなら、
あとはモリス君にお願いしましょう」**

途端に、ちょっと待って何でアイツが、
という声があちこちから起こった。

教室はざわめき、一人が

「モリスには無理です」

と手を挙げて言った。

実はモリスは目が不自由なのである。
教師は答えた。

**「なるほど、確かに目が不自由です。
だからモリス君には無理だとみんなは思うかも
しれません。でも先生は知っています。
モリス君は目が不自由でも、神様から素晴らしい
能力をもらっています。聴力です。**

それを生かせば必ずマウスを見つけてくれると
　　先生は信じています。モリス君、お願いできますか？」

そしてモリスは期待に応えてマウスを捜し出した。
そして日記にはこう書き残した。

　「あの日、あのとき、僕は生まれ変わった。
　　先生は僕の耳を神様がくれた耳と言って褒めて
　　くれた。

　　僕はそれまで目が不自由なことを心の中で重荷に
　　感じていた。でも先生が褒めてくれたことで
　　僕には大きな自信がついた」

このマウス事件から十数年。神の耳を生かして
音楽の道に進んだスティービー・モリスは、
シンガー・ソングライターとして鮮烈なデビューを
果たす。

スティービー・ワンダーという名前で。

●‥‥‥‥‥‥‥‥‥‥‥‥‥●

そうなんです。
このお話は、あの有名なスティービー・ワンダーの
小さい頃の出来事なのです。

彼がもし、この先生に出会わなかったら、
今も目が見えないことを重荷に生きていたかも
しれませんね。けれど、彼は変わったんですね。

　自分を信じてくれた先生の言葉で…。

そうなんです。

私たちは、誰か一人でも自分の才能を信じてくれたり、
自分を認めてくれたり、褒めてくれる人がいれば、
その人の愛情で生きていけるんです。

だから、みんなで、

　「人の可能性を信じてあげませんか？」

親が、子どもを心配して、ダメだ！無理だ！
という気持ちは、当然でしょう。

子どものことを考えて、安心な道を選ばせることも
大切でしょう。

けれど、本当の愛情って,

　「全ての人の中にある無限の可能性を信じる」

ことなのだと思います。

2章

人を通して学ぶ

1. 俺は、本気で生きてるか？
～元お笑い芸人"てんつくまん"の挑戦～

皆さんは、てんつくマンという人をご存知ですか？
昔は、お笑いコンビ「TEAM O」で相方の山崎邦正(やまさきほうせい)さんと
軌保博光(のりやすひろみつ)というお名前で、活躍していた方です。

てんつくマンは、ある時から全員参加型の映画を
創ろうと決意します。

しかし、そんなに簡単に映画が創れる訳では
ありません。色々な人にお金を借りたり、
仲間を集めなければなりません。

彼は、必死になって、できる最善のことを
やりました。

日本一周を、車で宣伝して回ったり、
キャラクターグッズを作って販売したり。

しかし、お金はそう簡単にあつまりません。
それだけでなく、その間に死にそうになる交通事故に
あったり、人に裏切られたりもします。

裏切られたことで、
かえって借金の方が増えてしまいました。

彼を支えるスタッフ達も限界に達し、
病気になってしまう人もいました。
もう、土壇場です。映画のクランクインを目前に
お金もスタッフも去っていくような状態です。

それでも、彼は諦めませんでした。

彼は自問自答します。

　「今の俺に、お金を貸してくれる人は、
　　いるだろうか？」

　「俺は、本気で生きてるか？」

そう悩んでいる時、一人の役者さんに
こう言われます。

　「走っちゃえよ！」

この役者さん、本当は「とにかく前にすすめ」と
言いたかったところ、間違って、

　「走っちゃえよ！」

と、言ってしまったのかも知れませんが…(笑)。

けれど、その一言がかえって、てんつくマンの
心に火をつけます。

てんつくマンは、1ヶ月間毎日、
フルマラソンを走ることを決意します。

それを関係者の人や仲間に伝えると、
ほとんどの人が、絶対に無理だからやめろと
言ったそうです。

もちろん、多くの専門家のみなさんも…。

信頼する仲間からは、

「もし、完走できなかったら、
　映画もダメになるから、やめた方がいい」

そう言われながらも、彼は心にこう誓いました。

「全ては心が決める。やれると１００％思ったら必ず
　やれる。あきらめさえしなければ、必ずそれに近づく。
　１００％それを信じるか、
　それとも５０％しか信じない
　かで、成功の確率、結果が変わってくる。」

そして、彼は無謀にもスタートラインにたちます。

１日目　　何とか完走。しかし、言ったことを後悔。
２日目　　１０ｍ走って足がガクンっと。
３日目　　朝８時にスタートして、夜１０時に完走。

どうにか、足を引きづりながら、１０日間続く。

しかし、１１日目。

もう完全に足が動かない。

そんな中、彼はこんな事に気づきました。

「しんどいと思った瞬間体が重くなる。
　けれど、この前走っている時、自転車で
　自分を追い越していった女子高生が、
　すごいミニスカートだった。
　気づいたら、１００メートル位、
　いつの間にか走って追いかけていた。
　その間、まったく痛みを感じなかった…。」

何故だろう…？

　「人間は、楽しいことを考えていると、
　　しんどくても、大丈夫なんだ！」

そう思いながらも、
毎日、痛みや苦しみに耐えながら、楽しいことを考え続け、
映画が完成した時の「感動」を想像しながら、走り続けます。

しかし、不思議なことに２０日を過ぎるころから、
体がだんだん慣れてきて、痛みや苦しみが
減ってきたそうです。

そこで、彼はこう思ったそうです。

　「僕達は本当の人間の凄さに気づいていない。
　　まだ、知らない。」

そして、彼はとうとう１ヶ月間フルマラソンを
走り続けてしまいました。
最後の日は、なんと走る距離を６３ｋｍまで伸ばして…。

すごいですね。

人間は、「**背水の陣**」の思いでも、楽しもうとすれば、
どんな困難も乗り越えられるのでしょう。

彼は、最後の方にこうも言っています。

　「常識じゃないことやる時は、今までの常識で
　　考えては、無理が生じる。体験とインスピレーション
　　の中から、新しい常識を創っていくしかない。」

実は彼、走っている最中も映画の資金集めや
その他もろもろの業務もあったため、毎日の睡眠時間は
４時間しかなかったそうです。

医学的に考えたら、危険です。
無謀としか言えない行動でしょう。

けれど、彼はどうしても映画を創りたい。
その為には、
死ぬ思いで挑戦したと、言っています。

彼は自分が決めたことを最後まで、成し遂げたのです。

そんな命がけで、彼が創り上げた映画
「１０７＋１〜天国はつくるもの〜」
が、本当に出来上がったのです。

是非、皆さんもご覧になってみてください。
きっと、魂が揺り動かされるでしょう。

その他に彼は、小豆島の村作りやカンボジアの
子どもたちの支援などたくさんの活動をしています。

てんつくマンのホームページは、こちら
　　　　↓↓
http://tentsuku.com/

最後に、てんつくマンのモットーをお伝えしますね。

それは、３Ｋです。

「**考える。語る。行動する。**」

２．夢は実現するためにある
～オリンピック選手"福井英郎（ふくいひでお）"さんが神社に書いた言葉～

次は、私の前著『「ありがとう」が幸運を呼ぶ』の中に
登場した２０００年シドニーオリンピック
トライアスロン競技に出場した福井英郎選手のお話です。

彼はシドニーオリンピックの選考で、
一時は代表から漏れてしまいました。

それでも夢をあきらめず、
自分のオリンピック出場を信じた彼は
練習を積み、毎日祈り続けました。

その結果、他国の選手の出場辞退による
ロールダウンという奇跡的な幸運で、
夢を実現したのです。

当時は私も彼の懸命さに突き動かされ、
毎日神社へお参りに行きました。

ある日の朝、神社の記帳ノートに
彼の名前があり、

「オリンピック出場」

と書かれていました。それを見て、私は、

「もう無理かも知れないのに、毎日朝早くから
お参りに来ていたんだな〜。偉いな〜」

と、心から感動しました。
それから、毎日神社で彼が帰った後の記帳を見て、
あふれ出る涙を抑えることができませんでした。

そんな思い出のある彼が当時の想いを
語ってくれました。

● ・・・・・・・・・・・・・・・・・・・・・・・・・・・・・ ●

当時の僕は何一つ飛び抜けた才能を
持っているわけでもなく、
ただひたすら自分を信じて競技に没頭していました。

「オリンピック出場」

を夢見て、夢を夢で終わらせないために、
常に夢を見るようにしていました。

才能や素質、自分の力ではどうにもならないことで

悩まない、
自分にできることを誰よりもやろうと決め、
それを実践し、夢への想いを強く抱きました。

大会で結果が出ず、上手くいかなかったりもしましたが、
夢に対する想いはますます強くなって、
いつしか逆境で力を発揮できるようになりました。

そして氣が付けば、
自分を支えてくれる協力者がいて、
自分の夢はみんなの夢、みんなの夢は自分の夢へと
変わっていったのです。

人はどんな状況であれ、
最後は何かを願う強い氣持ちが全てを
引きつけるのだと思います。

"オリンピック出場"の一報を受けるまで、
僕は

「人事を尽くして天命を待つ」

という氣持ちで、一日中、あてもなくバイク（自転車）
に乗り、納得のいくまで走って、毎日願いを込めて

神社へも足を運びました。

何の取り柄もない自分は、
自分の出来る事を、
ただひたすら繰り返し、
続けたのです。

そうして届いた夢をつなぐ一本の電話。
それが「オリンピック出場」の一報でした。

まさに全身全霊、全てを込めて突き進んだとき、
人は思いもよらない力と流れをつくるということ、
夢は実現するためにあるということを僕は身を
もって知ったのです。

プロトライアスリート　福井英郎

●·······························●

そんな、自分の信念を貫き通した彼は、
現在、もっと距離の長い「ロング」の
トライアスロンでも日本チャンピオンとなり、

まだまだ夢を追い続けています。

その一方で、
新たなオリンピック選手を輩出させる
優秀なコーチとしても、活躍しています。

彼が、いつも色紙などに書いていた言葉が、
今も印象に残っています。

　「夢は実現するためにある」

私が今日まで、たくさんの素晴らしい人たちを見てきて
思う、「夢を実現させた人たち」の共通点は、
たった2つ、

「努力」と「感謝」です。

熱いプロトライアスリート福井英郎さんの
指導を受けたい方は、こちらをご覧ください。
http://www.try291.com

3. 祈り、努力し続けることで願いは叶う
～大リーガーと少年が起こした奇跡～

とある大学で実際に起こった
不思議なお話をご紹介します。

●‥‥‥‥‥‥‥‥‥‥‥‥●

からきし弱いアメリカンフットボールの
大学チームがありました。

その弱さは特筆物で、同じ大学リーグの
強豪チームと戦う時は、100対0という試合でも誰も
不思議がらないほどでした。

この弱体チームを指導することになった
新任監督は、

　「何とか強くしてやろう」

と一つの指導方法を取り入れたのです。

数年後、その大学はなんと「大学日本一」

の栄冠を手に入れました。

いったい、監督はどんな方法を
取り入れたのでしょうか。
それは、１年生部員を、なんと
「神様扱い」することでした。

体育会系では先輩後輩の序列が厳しく、
当然、1年生は雑用係をさせられます。

ところが監督は、2年以上の部員に、
１年生を神様として扱うことを命じたのです。

具体的には、どんなことをしたのでしょうか。

まず、雑用はすべて４年生が引き受けたのです。

次に練習ではホメてホメてホメまくった。
その結果、1年生はめきめきと実力をつけ、
数年後には強豪チームに変身してしまったのです。

これは、実際にあった出来事です。
急に強くなったチームこそ、
京都大学のアメリカンフットボールチームです。

当時、学生アメフト界では、
西の関西学院大学、東の日本大学と言われていました。

ところが、この時期の京都大学は、
たった一人の常識破りの監督（水野弥一氏）に
よって、本当に日本一になっています。

●……………………●

これは、筑波大学名誉教授の村上和雄先生と
京都府立医科大学教授の棚次正和先生が書かれた、
『人は何のために「祈る」のか』（祥伝社）という
著書に載っているお話です。

村上和雄先生は、遺伝子の研究では
世界的に有名な先生です。

この村上先生によれば、
「祈り」や「思い」には、効果があるということです。
また、心から祈ると、今まで活動していなかった
「遺伝子」のスイッチがＯＮになるとおっしゃっています。

そこで、アメリカで実際にあったこんな
話があります。それは、

7歳の少年が白血病を患い、
治療の副作用で白質脳症になってしまいました。
少年は大リーグレッドソックスの大ファンで、
特にステープルトン選手がお気に入りでした。

この少年のことが話題になると、
そのことを聞きつけたステープルトン選手が
少年を見舞いました。

病床でステープルトン選手は少年とこう約束します。

「明日、君のために第一打席できっとヒットを打つよ」

そして試合当日、ステープルトン選手は、
約束どおりヒットを打ちました。
少年が喜んだことはいうまでもありません。

すると不思議なことに、
この出来事から少年の病状がみるみる回復して、
5年後には完全に治ってしまったのです。

理由は今でもわかりません。

●……………………●

これも実話のお話です。

●……………………●

重い心臓病患者３９３名を対象に、
一人一人に向けて回復の祈りを行い、
祈らないグループとの比較をしてみました。
そうしたら、祈られた患者群は、祈られなかった
グループの患者群より、明らかに症状が
改善されていました。

「祈る」ことが何らかの形で心臓病を患った人たちに
良い影響を及ぼしたと報告されたのです。

●……………………●

いかがですか？

現在、アメリカなどでは、この「祈り」の効果に
対する研究がさかんに行われているようです。

「祈り」というと、
日本人の多くは宗教を連想してしまいますが、
「祈り」とは、日本人の誰もが自然に
行っていた「習慣」なんだと思います。

ただ、祈っただけで何でも良くなるという事は、
ないでしょう。ですので、祈ることと平行して、
今できることを努力し続けると、きっと願いは叶う
ような気がします。

同様なことを、私もセミナーなどで度々実験しました。

すると、心から祈った結果、
就職の決まらなかった息子さんの就職が決まったり、
資格試験に見事合格したり、病気が改善したり、
様々な好結果が出ています。

本当に不思議ですが、
自分が体験した事実なのです。

みなさんも、心からどうしても叶えたい
想いがあれば、強く祈ってみて下さい。

きっと、素晴らしい結果が待っていると思います。
もし、上手くいかなかったとしても、そこまで真剣に
祈った自分に、悔いや後悔は残らないと思います。

現在、私が様々な問題を抱えている方に
おススメしている小冊子が２つあります。

宜しければ、是非お読みになってみて下さい。

「ツキを呼ぶ魔法の言葉」五日市剛(いつかいちつよし)　著
「あなたも魔法使いになれるホ・オポノポノ」
滝澤朋子(たきざわともこ)　著

4．一緒に乗り越えてくれる人をずっと捜していた
～出産後の試練をチャンスととらえたお母さん～

私の敬愛する東北の牧師さん
田中信生(たなかのぶお)さんの講演ＣＤに載っているお話です。

●……………●

その夫婦はロサンゼルスに住んでいる日系の方でした。

結婚して、子供が生まれるのを
楽しみにしながら、１年、２年、３年、

でも、なかなか神様から子どもを授かることは
ありませんでした。

やがて、１０年たち、夫婦とも

　「子どもは、もう無理かも知れない」

と諦めかけていました。

１３年目の時が過ぎた時、
やっと念願の子どもを授かりました。

それは、もう２人とも最高に喜んだことでしょう。

最近でも、子どもができなくて悩んでいる方は、
大勢いるんですから…。

その夫婦は、まだかまだかと出産の日を
楽しみに待っていました。

やがて、出産の日がやってきました。

きっと、２人ともすごく心配もしたでしょう。

私も、出産に立ち会った経験があるので、
よくわかるんです。緊張します！

とうとう、ご主人が生まれたばかりの
赤ちゃんを抱きました。

　「あ、可愛い〜！！」

そう思った瞬間、
ご主人は、動けなくなってしまったそうです。

何故か？

実は、その赤ちゃんは、見るもかわいそうな奇形児だったのです。

奥さんが、

「早く！早く！」

と言って抱きたがっているけど、
何と言って良いかわからず、
声がでないご主人は、そのまま奥さんに
赤ちゃんを見せたそうです。

すると奥さんは、一瞬だけ顔を曇らせたかな？
と思ったけど、

「ねえ、あなた、神様がこの赤ちゃんを
どの夫婦に預けようか、どの夫婦に授けようか
何年も何年も地球をお周りになったので、
こんなに年月を要されたんですね。」

こう言いました。

そして一言、

「でも、この夫婦なら大丈夫。
 私たちなら、大丈夫。と信頼されて、
 この子を託されたのよ。
 ねえ、あなた、しっかり育てましょう。」

●······························●

いや～、なかなか、こう言うって難しいですよね。
けれど、こんなお母さんのもとに生まれることができたら、
みんな本当に幸せですよ。

この子は、きっと本当に長い間、
このお母さんを探していたんでしょうね。

**自分の試練を、チャンスととらえて、
一緒に乗り越えてくれる人を探すために…。**

子どもの仮の姿ではなく、本質である、
「実相」を見ているんですから…。

そう簡単にできることでは、ありませんよね。

このお母さんが、今まで普通に生活していたら、
きっと、この赤ちゃんを見て、
嘆いたり悲しんだりしたでしょう。

けれど、このお母さんはきっと、
**いつも人と比べたり、人と比較して、
生きてこなかったんですね。**

自分は自分、人は人。

そうやって生きてきたからこそ、我が子を見た瞬間に
受け入れることができたのだと思います。

米沢興譲教会　http://www.kojochurch.com
田中信生　牧師

5. 君は一人で大人になったんじゃない
〜新入社員の不思議な入社試験〜

私が発行しているメルマガ
「アクアタイムズ」（読者２０００人）の読者投票で
第１位に輝いたこんな話をご紹介しましょう。

先ほどもご紹介した木下晴弘先生の著書で、
なんと！6万人以上が涙した
『涙の数だけ大きくなれる！』（フォレスト出版）
に出てくるお話です。

●・・・・・・・・・・・・・・・・・・・・・・・・・・・●

【 母の足 】

その会社の社長は、
次のようなことに気づかれたそうです。

ノウハウや制度ばかりを追求しても、
社員の心が豊かにならないと組織は活性化しない。

「本当の感謝とは何か？」を社員に実体験させてこそ、
お客様に心から感謝できる社員が育つのだと。

このことに気付いた社長は、毎年の入社試験の最後に、
学生に次の2つの質問をするようになったそうです。

まず、「あなたはお母さんの肩たたきを
したことがありますか？」
この問いに、ほとんどの学生は「はい」と
答えるそうです。

次に、「あなたは、お母さんの足を
洗ってあげたことはありますか？」

これには、ほとんどの学生が
「いいえ」と答えるそうです。

「では、3日間差し上げますので、
その間に、お母さんの足を洗って報告
に来て下さい。それで入社試験は終わりです。」

学生たちは「そんなことで入社できるなら」
とほくそ笑みながら会社を後にするそうです。

こんなに、簡単に会社に入れるなら、良いですよね。
私も合格できると思います。

ところが、家に帰って実際にやろうとすると、
母親に言いだすことが、なかなか出来ないのです。

ある学生は、2日間、母親の後ろをついてまわり、
母親から「おまえ、おかしくなったのかい？」と
聞かれました。息子「いや、あの～、お母さんの足を洗いたいんだけど」
母親「なんだい？気持ち悪いね～」

こうしてその学生は、
ようやく母親を縁側に連れて行き、
たらいにお湯を汲み入れました。

そして、お母さんの足を洗おうとして、
お母さんの足を持ち上げた瞬間・・・・・。

母親の足の裏が、あまりにも荒れ放題に荒れて、
ひび割れているのを手で感じて、絶句しました。

その学生は心の中で、
「うちはお父さんが早いうちに死んでしまって、
お母さんが死に物狂いで働いて、
自分と兄貴を養ってくれた。

この荒れた足は、
自分たちの為に働き続けてくれた足だ」と悟り、
胸がいっぱいになりました。

そして、**「お母さん、長生きしてくれよな」**と、

ひとこと言うのが精一杯でした。

それまで、息子の「柄にもない親孝行」を
冷やかしていた母親は、

「ありがとう」と言ったまま黙り込んでしまいました。
しばらくすると、息子の手に落ちてくるものが
ありました。

それは母親の涙でした。
学生は、母親の顔を見上げることができなくなって、
「お母さん、ありがとう」といって、
自分の部屋に引きこもったそうです。

そして翌日、会社に報告に行きました。

　　学生「社長、私はこんなに素晴らしい教育を
　　　　　受けたのは初めてです。
　　　　　ありがとうございました。」

　　社長「君は一人で大人になったんじゃない。
　　　　　お父さんやお母さん、いろいろな人に
　　　　　支えられて大人になったんだ。
　　　　　自分一人の力で一人前になるのではないんだ。
　　　　　私自身も、お客様やスタッフ、
　　　　　いろいろな人達との出会いの中で一人前の
　　　　　社会人にならせていただいたんだよ。」

この社長さん、素晴らしいですよね。
私も今、会社を経営していますが、

「才能や能力だけでなく、一人一人の人間性を
大切にしていきたい」と思っています。

こうやって、人や本から学ぶことって、
たくさんありますよね。

やっぱり、**学ぶ＝真似る**　なんですね。

3章

歴史や人生の先輩に学ぶ

1. 強く8秒間抱きしめる
～エジソンを支えた母～

本章では、歴史的な人や昔のお話から、
学んでいきましょう。

次のお話は、小学生の時に、学校で落ちこぼれと見放され、
後に聴覚障がいも持つことになった一人の少年の話です。

●·····························●

小学校を落ちこぼれたトーマスは、
家で母から勉強を教わりはじめた。

算数、英語、文学、理科、社会……
なんでも一緒に勉強した。

彼は、母親と勉強するのが大好きだった。
母親は、いつも彼に無理に勉強をさせるのではなく、
彼と一緒に様々なものを観察し、興味を持ったことを、
とことん調べるような教育をしていた。

そして、トーマスはすごく物作りが好きだった。

大工が本職の父の作業場には、
様々な木材が置いてある。

簡単な図面を頼りにトーマスは
一人で携帯用の橋を黙々と組み立て始めた。

父の金槌、のこぎりをもちだして、
トンカン、トンカン、釘を打ち付けて
なんとか橋らしきものが出来上がった。

たまたま近所には、小さな運河が流れている。

彼は喜び勇んで、完成したばかりの
携帯用橋を一人で運河に運んだ。

よし、ここに橋を架ければ、
みんな喜ぶだろう。
早速試してやれ。

運河に橋を渡したトーマスは張り切って橋を渡りはじめた。

ところがどうしたことか、橋は真っ二つに折れ、
トーマスは頭から真っ逆さまにザブンと
運河の中に墜落した。

泳ぎは小さいころから近所の川で
鍛えて達者なはずだが、墜落のショックで
あわてたせいか大量の水を飲んで溺れてしまった。

幸い近くを歩いていた男たちが
子どもの溺れる姿を目撃した。

彼らがとっさに飛びこんで助けなかったら、
トーマスは幼い命を失っていたであろう。

ずぶ濡れで家にかつぎ込まれた
息子の姿に母親のナンシーは気絶するほど驚いた。

ぐったりのびてしまったトーマスは、
そのままベットに運び込まれた。

顔は血の気を失って
真っ青だが、どうにか息はある。

介抱されてやっと気がついたトーマスを
ナンシーは強く抱きしめた。

だが、その後には、
迷惑をかけた事に対する罰として、
母親から、ブナの板で叩かれた。

トーマスのお尻は真っ赤になった。

その夜、トーマスは珍しく寝付きが悪かった。

せっかく作った橋が壊れて
おぼれたのがよほど答えたのであろう。

水を飲みに台所に近づいたトーマスは、
誰かのすすり泣く声を聞いた。

耳を澄ませてみると母であった。

台所にひざまずいたまま、
かすれた声でこんなことを言っているのが聞きとれた。

**「神様ありがとうございます。
　息子の命を助けて頂いてありがとうございます。
　本当にありがとうございます。」**

母は何回「ありがとう」を繰り返したことであろう。

トーマスは気づかないふりをしたまま、
そっとベッドに戻った。

この夜、彼は自分の心に誓った。

「この人だったら、どんなに叱られてもかまわない」

トーマスは十歳の日の出来事を
死ぬまで忘れることが出来なかった。

『天才エジソンの秘密』 ヘンリー幸田　著

この経験があったからこそ、
トーマス・エジソンはどんなときにも
諦めなかった。

それは、小さい時から母親ナンシーが、
弱音をはいたり、すぐにあきらめたり、
ハンディーキャップを口実にした時、
本気で叱ったからだ。

もちろん叱るばかりではない。
叱った後は、抱きしめて励ました。

この「抱きしめる」ということが、
叱った後に、もっとも大切なのかも知れません。

幼児教育の先駆者であった故七田眞先生は、
子どもに親の愛情を伝えるのに大事なのは、

「強く8秒間抱きしめること」

と教えてくれました。

そうすると、人間が持っている「愛の受容器」が
「人に大事にされている」と認識するそうです。

私も現在、妻や子どもだけでなく、
会社のスタッフにも、
　「強く８秒間抱きしめること」を実践しています。

強く抱きしめて、
スタッフの骨がボーンと折れたら、私のせい？！(笑)

つまらない、おやじギャグでした。
ありがとうございます。

2．私たちはあなたを忘れない
～多くのユダヤ人を救った杉原千畝～

１９４０年７月、今から７０年前のリトアニア
という国の日本領事館の出来事です。

ナチスの迫害から逃げ延びてきた
ポーランドのユダヤ人難民が、助けを求めてきました。

ヨーロッパ中で、ユダヤ人狩りを激しく行っていた
ドイツが、
ポーランドに侵略してきたので、
着のみ着のまま脱出したというのです。

日に日に難民の数は増えていきます。

その時、対応したのが、日本領事館の杉原千畝氏です。

「あなたたちのうち、代表５人を選んでください。
　話を聞きましょう」

杉原はこう言って部屋へ通しました。

「外国に逃れるため、日本を通るビザが欲しい」

とバルハフティックという人が訴えます。
まずは安全な国・日本に逃れ、
そこから他国に渡って行きたい、というのです。

杉原は悩みます。
領事代理でありビザを出す権限者でしたが、
簡単にビザを出すわけにはいかないのです。

日本は、ドイツとは防共協定を結んでいたので、
ドイツの思惑を無視できません。
本国政府に打診しましたが、ビザ発給を拒否する
内容でした。

「どうしたらよいのか……」

ドイツの魔の手は近くまで迫ってきており、
このままでは、この人たちはナチスによって
迫害されるのは必至です。

外務省の言うことをきいて自分と家族を守るか、

目の前の助けを求める人々を救うか、
彼が悩んでいる時に、妻の幸子のこの言葉に勇気を
もらい、決断しました。

　「あなたの足かせにはなりたくない。
　　どうぞ思うようになさってください。」

７月３１日の朝、杉原はユダヤ人の前に出て、
こう告げます。

　「みなさんがたに、日本の通過ビザを
　　発行することになりました」

一瞬しーん、と静まり返ります。

それから大きなどよめきが起こりました。
だき合って喜び、キスする人たち、
子供にほおずりする母、天に向かい神に感謝する人々。

それからというもの、杉原は来る日も来る日も、
ビザを書き続けます。

事実上、ソ連に支配されたリトアニアには、
杉原のいる領事館は必要ないとされ、

ソ連から退去を告げられていました。

ドイツ軍もいつ攻め込んでくるかわかりません。

時間がないのです。

休息も食事も満足にせず、
ビザを書き続けました。

腕も腫れ、ほおもこけ、万年筆も折れました。
それでも杉原は書き続けます。

他国の領事館では、ビザ発行を断られているので
ユダヤ人にとって、杉原だけが頼みの綱でした。

　「ありがとう」
　「感謝します」

ビザを受け取った人々は、口々に深い感謝を述べます。

杉原がリトアニアを去る日の朝、
列車に乗ってからも、ビザを書き続けました。

やがて、列車は滑るように出発します。
その時、ホームにいた、ユダヤ人が叫びました。

「スギハラ、私たちはあなたを忘れない」

「もう一度、あなたにお会いしますよー」

涙を流しながら、

「ありがとう、ありがとう」

と何度もホームで叫んでいました。

ユダヤ人は、苦労しつつも鉄道でソ連を東へ横断し、
そこから船で日本に渡ってきました。
敦賀湾に近づくと、

「澄み切った青い空、麗しい山々、
　カラフルな着物……
　すべてが美しくみえた」

地獄から生還した心地だったのでしょう、

「ツルガの街が天国に見えた」

といいます。

日本は別天地でした。
道に迷った時に、1時間以上も一緒に探してくれる
日本人もいました。

コートをなくした男性は、届け出を出す前に警察官から、

「あなたのものか」

と言われ驚きました。

ある女性はハンドバッグを紛失してしまい、
もう戻ってくるわけがない、とあきらめましたが、
その日のうちに交番に届けられていました。
ポーランドではあり得ないことでした。

けれど、昔の日本の人たちは、
本当に温かかったんですね。
世界中から愛される国民、それが日本人だと思います。

ユダヤ人たちはその日本の地から、
アメリカや上海に渡っていきました。

戦争が終わると、杉原は外務省を解雇されました。

政府の命令に反して、ユダヤ人にビザを発行したことが
原因ではないかと言われています。

その後、杉原は得意のロシア語を使い、

モスクワで貿易会社などに勤めたりしました。

そんな杉原に、
１９６８年、イスラエル大使館から突然、
呼び出しがありました。

　「これを覚えていますか？」

ニシュリという大使館勤務の人が、笑顔で
ボロボロの紙切れを見せて語りかけました。

それは昔、杉原が書いたビザでした。

ニシュリは、命を助けてもらったこのビザを、
宝物のようにいつまでも大切に持っていたのでした。
翌年の１９６９年、
今度はイスラエル政府から呼ばれました。

　「私のことわかりますか？」

イスラエルで出迎えたのは、バルハフティックでした。

そうなんです。３０年前に杉原にビザを発給して
欲しいと頼んだ人です。

その時彼は、宗教大臣の要職についていました。

生きて再会できたことの喜びに、二人とも声が出ません。

杉原は思います。

　「助けた人が今、こうして生きている、
　　自分のしたことは、間違いではなかったんだ」

一方、バルハフティックは、驚きます。

　「ビザを出したのは、日本政府の許可ではなく、
　　あなたが独断で行ったものだったのですか！
　　ビザは、日本政府が出してくれたもの、とずっと
　　思っていました」

杉原の口から、この事実を聞いたのです。
その無私無欲の勇気ある英断に激しく
感動するバルハフティック。

１９８５年、杉原はイスラエル政府より栄誉ある賞
ヤド・バシェム賞を贈られます。

杉原は言います。

　「私のしたことは、外交官としては、
　　間違ったことだったかもしれない。
　　しかし、私には、頼ってきた何千人の人を見殺しに
　　することはできなかった。

そして、それは人間としては正しい行動だった」

１９９４年、日本の外務省の資料館で、
杉原が発給したビザの一覧「スギハラのリスト」が
見つかりました。

発見者のボストン大学のヒレル・レビン教授は、
杉原の勇気ある人道的行動に感動し、
こう述べています。

「スギハラ氏の人道的行動は、
オスカー・シンドラーなどとはまったく質の違う、
自らの命の危険を冒してまで行ったもの」

そして

「彼の人道的行動はシンドラーをはるかに超えている」

70年経った現在でも、外国で日本人を見ると、

**「祖父や祖母がスギハラに命を助けられたお陰で
私が生きている」**

と、声をかけられ感謝される事があるそうです。

『世界の偉人たちから届いた10の言葉』波田野 毅 著より

私たちが住んでいる社会も、
色々な決まりや風習があります。

伝統や規則を守ることは、とても大切です。
しかし、時に「自分が正しい」と思う事を発言したり、
行動する勇気も、現代の私たちには、必要なことかも
しれません。

また、日本人として是非知っておいて欲しい話が
波多野さんの本の中に、たくさん書いてあります。

是非、たくさんの子どもたちに読んで
聞かせてあげて下さい。
日本には、素晴らしい話がたくさんあります。

そういう日本人の素晴らしさを伝えるのが、
私たち大人の役割なのかも知れません。

日本人は、世界から愛されている。

3. 世界中から尊敬されていた戦時中の日本
～"和の心"で捕虜に接した日本人たち～

一番最初にご紹介した比田井和孝&比田井美恵さんの
『私が受けたいココロの授業』の続編、
『私が受けたいココロの授業　講演編』 中に、
どうしても皆さんにお伝えしたい話があります。

それは、やはり日本人の生き方を教えてくれる話です。

皆さん、日露戦争はご存じですね。

1905年5月27日、日本が世界最強と言われたロシアの
バルチック艦隊と戦った日です。

ロシアは、とても寒い国なので、冬に使える港が
少ないので、
南へ南へと領土を広げてきました。

もちろん、日本にだんだん近づいてきます。

そこで日本は、これはまずいと、
大陸に軍隊を送りこんでロシア軍と

戦います。意外と善戦するのです。

しかし、ロシア皇帝にしてみたら、
「あんな小国相手に何やってるんだ！」という訳です。

そこで、とうとう当時世界最強と
言われたバルチック艦隊を日本海に送りこみました。

世界中の人たちは、こう想ったでしょう。

　「これで日本も終わりだ。
　　きっとロシアに占領されるだろう」

ところが、当時総司令官、東郷平八郎率いる
日本連合艦隊は、
ほんの数時間で、バルチック艦隊をほぼ全滅状態に
してしまったのです。

さて、何故この時、アジアの小国日本が
世界の大国ロシアに勝てたのでしょうか？

もちろん、東郷司令官や有名な秋山真之の
戦術や戦略も良かったでしょう。

けれど、本当の理由は別にあったそうです。

この当時、日本という国は世界中から

「尊敬されていた」

だから勝てたそうです。

では何故、日本は尊敬されていたのか？

例えば、日露戦争がはじまる時に、
国から国民にお達しが来たそうです。

　「これから日本はロシアと戦争をするが、
　たとえ敵国でもロシアを侮辱するような
　ことを言ったりやったりしてはいけない」と。

実際、ロシアを侮辱する言葉を使った人は罰せられた
そうです。

また、こんな話もあります。

愛媛県松山市に捕虜収容所があったそうです。

捕虜収容所なんていうと拷問とか強制労働とか
ありそうですよね。

でも日本は違ったそうです。

捕虜が到着すると、松山市長が挨拶しに来るそうです。
それも、捕虜の方の事を考えて、

　「皆さん大変でしたね。お疲れ様でした。
　　戦争が終わるまで
　　ここでゆっくりして下さい」

こんな挨拶をしたそうです。

ロシアの人たちもそれを知っていたそうです。
世界中の人がそういう事を知っていたんですね。

だから戦争中に撃ち合っていて、
ロシアの人が負けそうになると、すぐに銃を投げ捨てて、
両手を挙げて、

　「マツヤマ～！」

と叫んだそうです。

こんな所で命を落とすのは嫌だ、割にあわない！！
松山は良いところだって言うじゃないか！
俺も松山に連れて行ってくれ～！

　「マツヤマ～！！」

と白旗を上げてくるそうです。

だから、世界中がそんな日本人を尊敬していて、
日本に勝たせてあげたいと想っていたそうです。

「日本に勝たせてあげたい、日本を守らにゃいかん」と。

そんな時、バルチック艦隊がいよいよ
日本を目指してロシアを
出港します。7か月もかけて、日本にやってきます。

7か月って長いですよね。
長旅ですから、休憩もしたいし、
物資も必要です。船のメンテナンスもしたいでしょう。

だから何回も港に寄るわけです。

しかし、世界各地で立ち寄る港からことごとく

「出ていけ！」

と断られてしまうのです。

「これから日本をつぶしに行く
　バルチック艦隊なんかを私の国で
　休ませるわけにはいかない」

と言って。

休ませてもらえないのです。
ロシア軍は、休みたくても休めない。

だから、7か月経って日本海にたどり着く頃には、
乗組員はもうみんなへとへとです。

それに引き換え、日本軍は命がけです。
ここで負ければ、日本は占領されてしまうと必死です。

そんな想いで戦いますから、
もうあっという間に日本は勝ったそうです。

日本は当時、「尊敬される」国だったから勝てたのです。

日本人は、人種によって人を差別したりしないで、
どんな人にも
優しく親切だったんですね。

常に、困っている人や弱い人に「与えて」いたんですね。
愛情いっぱいの国民なんです。

だから、勝てたんですね。

この話を読んでいて、私は涙がボロボロ出てきました。

日本人で本当に良かった！

この日本で今、自分ができることを精一杯にやろうと。

そして、こういう話は日本の小さい子どもたちに
たくさん聴かせるべきだと。

そういう話が載っている比田井さんの本を全力で世の中に
広めたい…。そういう想いで、この本をお勧めします。

ただ、ひとつ覚えておいて下さいね。

これからは、もう戦争は要りません。
心と心を通わせたコミュニケーションで、
平和的に問題解決していくことが
大切だと思います。

この話は、比田井さんが
「益田ドライビングスクール」の小河二郎(こがわじろう)さんに
教えて頂いた話だそうです。

4．地獄と極楽はいつも隣り合わせ
～辛い思いが趣味でも幸せなお坊さん～

「地獄と極楽」の違いについて、
有名なお坊さんが言っていたお話をしますね。

「地獄と極楽の違い」

まず、地獄の話です。
広い部屋に、大きな釜がありました。
その釜の中には、美味しいそうなうどんが
煮たっていました。

もう、食べたくて食べたくてしょうがない位
美味しい匂いが漂っています。

釜を囲んで、2人の人が向かい合って
座っています。

2人の前には、1mもの長いおはしが置いてあります。

早速2人は、そのうどんを食べようとしますが、
はしが長すぎて、なかなか食べられません。

美味しいものが目の前にあるのに、なかなか
食べれないから、お互いにイライラしています。
欲しいものがあっても、手に入らない。

そして、我こそは先に食べようとしますが、
食べられません。だから2人とも、怒っています。
これが、地獄の世界です。

では、極楽の世界はどうでしょう？
極楽でも、部屋の大きさや釜の大きさ、そして、
1mの長いはしも同じです。

極楽では2人ともニコニコしながら
美味しそうに、うどんを食べています。

どうやって食べたの？

そうなんです。
極楽に住んでいる人たちは、
お互いのはしで、向かい側の人に食べさせて
あげているのです。

お互いが自分が食べるのではなく、
人に食べさせてあげているのです。

これが、極楽なのです。

自分だけが幸せになることではなく、
人が幸せになることをやってあげている世界が
極楽なんです。

けれど、地獄と極楽は隣合わせです。

いつの間にか、自分の幸せばかり考えていると、
友だちが減ったり、仲間外れにされたり、
上手く行かないことが多くなってきます。

この状態が「地獄」ですね。

けれど、反省して、人の幸せの為に活動したり、
人を喜ばせようと一所懸命に生きていると、
たくさん仲間ができ、みんなが助けてくれるように
なります。

この状態が、「極楽」ですね。

どちらも、私たちの日々の心がけ次第で
変わっていくものなんですね。

それなら、みんな一緒に極楽に住みませんか？
そうそう、極楽なんて言うと、
「楽」＝幸せなんて思う人いませんか？

自分は、ちょっと違うと思うんです。
楽＝幸せではなく、他を楽にするから幸せなんですね。

他（はた）を楽（らく）にすることを、
昔から、働く（はたらく）というそうです（笑）。

ところで、皆さん趣味はありますか？

私は山登りが好きです。

自分で努力して、辛い思いをして、
やっと登頂した時、山の上から見える朝日が好きなんです。

釣りが好きな人もいますよね。

釣りの日は、寒くても朝早く起きて、
準備や支度をしていきます。

さらに、時間と寒さに耐えながら、
いつかくるであろう「引き」を待つ。

釣りをしない人から見たら、
困難と忍耐としか思えない活動を、
誰かに命令された訳でもないのにやっているんです。

不思議ですよね。

魚屋で買えば、あっという間に美味しい
料理ができますよね。

けれど、ただ魚が欲しい訳ではないんですね。
大変な苦労や困難を乗り越えて得た魚が良いんですね。

何が言いたいかと言うとですね、
趣味や楽しみには、困難や苦労がつきものなんです。

苦労や努力をしてこそ、
なんとも言えない「達成感」が得られるんです。

この「達成感」の為に、
みんな楽しんで、苦労してるんですね。

だからもし今、私たちが何かに苦しんでいるとしたら、

それを乗り越えたり、それを達成した時を夢見て、
楽しんでやりませんか？

どうせ苦しいなら、笑ってやる方が
いいかも知れませんよね。

このお話は、
『なぜ「そうじ」をすると人生が変わるのか？』
(ダイヤモンド社)
の著者である志賀内泰弘さんの
小冊子『ギブ＆ギブで上手くゆく』
に載っているお話です。

志賀内さんは現在、「プチ紳士を探せ・プチ淑女を探せ！」
という、人の親切や人の優しさを伝える活動を
全国的に行なっています。もちろん、私も会員です。

正直、感動する本や小冊子がたくさん出ています。

是非、皆さんチェックしてみて下さい。
「プチ紳士を探せ・プチ淑女を探せ！」運動事務局
http://www.giveandgive.com

5．人は、行動の中にこそ「意味」がある
～お釈迦様の高弟周利槃特の教え～

皆さん、お釈迦様は知っていますよね。
お釈迦様にはたくさんのお弟子さんがいました。

そのお釈迦様のお弟子さん中で、一人だけとても
出来の悪いお弟子さんがいました。

その名を、周利槃特と言います。

周利槃特は、
自分の名前さえ忘れてしまう
ことがあるくらい、
記憶力が悪かったそうです。

そこで、
周利槃特はお釈迦さまにこう言いました。

「お釈迦様、私はどうしてこんなに愚かなのでしょう。
自分でも呆れるほどです。私には、あなたの弟子は務まりません。」

するとお釈迦様は、彼に優しく、

　「何を言うんだ、お前は愚かなんかじゃない。
　　愚かでありながら、
　　自分が愚かだと気づかない者が愚かなのだ。
　　お前は、自分の事に気づいている。
　　だから、本当の愚かとは違う。」

と言いました。

そこで、お釈迦様は、
彼のためにどうしたらよいのか考えました。

そして、
彼に一本のほうきと、次の一句を与えました。

　「塵を払い、垢を除かん」

それから彼は、その言葉を常に唱え続けながら、
ひたすら掃除を始めました。

何年も何年も続けました。

その一句を唱えながら、
ひたすら塵を拾い、垢を除いたそうです。

お釈迦様は、そんな彼の一途な姿をみて、
こう言ったそうです。

「周利槃特は、確かにお経も読めない。
けれど、彼がひたすら一所懸命に掃除をする姿、
徹底してやっている姿、それこそが悟りではないか」

そう言って、彼をお釈迦様の弟子の中でも最も
地位の高い、「十六羅漢(らかん)」の一人とした
そうです。

他のお弟子さんは、みんなお経を読んだり、
説法ができたり、立派な方ばかりです。

それなのに、どうしてお釈迦様は彼を
もっとも地位の高い弟子にしたのでしょう。

それは、

　「無言の説法」

です。

人は、行動の中にこそ「意味」があるのです。

良い話を知っていても、勉強ができても、
それが社会の役に立ったり、誰かの役に立つもので
ないと意味がないからです。

そのことを、周利槃特は「行動」を
持って教えてくれたのです。

さらに、彼はひたすら掃除をすることによって、
自身も悟りを開いたと言われています。

それは、そうじをして周りの塵や垢を
落としているうちに、
自分の心の塵や垢も落としてしまったのでしょう。

自分の周りがきれいになると、
自分の心もきれいになるという事だと思います。

　　この世は、すべて自分の心の写しだ。

自分の心が汚れていれば、見るものすべてが
汚れて見え、
自分の心がきれいだと、
見るものすべてが、きれいに見える。
幸せは、幸せな心に宿る。

そういえば、
イエローハットの創業者である鍵山秀三郎さんも、
そうじの大切さを唱えています。

もしかしたら、人間の悟りは、
そうじの中にあるのかも知れませんね。

そんなそうじの大切さや効能を教えてくれる
良い本をご紹介しておきます。

「ひとつ拾えば、ひとつだけきれいになる」
鍵山秀三郎　著
（かぎやまひでさぶろう）

おわりに

皆さん、いかがでしたか?
どの話が、あなたの心に一番感動を与えましたか？

もし、一つでもあなたが「真似たい」と思う
人物がいたら、是非その人を真似てみて下さい。

そして、その人の話を繰り返し読んだり、
人に教えてあげて下さいね。

そうすると、自然とあなたの行動や
生き方が、その人に似てきます。

「人間は、触れたものに似ていきます」

是非、真似て（学び）やってみて下さい。

ところで皆さん、

「ありがとうの反対は、何かわかりますか？」

私は、「僕たちの"夢のつかみ方"をすべて語ろう！」の
中村文昭さん、大嶋啓介さん著で、
この問いを読みました。

けれど、その時の私には答えがわかりませんでした。

いかがですか？

答えは、「**当たり前**」です。

どうしてかというと、
人間は「当たり前」が増えると
感謝の気持ちが減り、
「ありがとう」と言わなくなる。

反対に、「当たり前」のことなんて
世の中にはなくて、すべてが「有り難い」
ことなんだと気づくと、「ありがとう」と
言いたくなるそうです。

例えば、
あなたがもし、あらゆることが
「当たり前」だと思って生きていたとしましょう。

そんなあなたが、
右足をケガして歩けなくなった。

おわりに

すると、あなたは初めて、
「当たり前に動いていた右足は、有り難かった」
と気づきます。
病気をしたことがない人が、
病気になった時、
「当たり前の健康な生活は、有り難かった」
と気づきます。

困難や逆境に立たされた時、
日常の何でもない普通の生活を、
「当たり前の生活はすごく有り難かった」
と気づきます。

みんな、困難や痛みにあってから、
「当たり前」のことが、有り難かったと
気づくのです。

でも、それではちょっともったいないですよね。

人によっては、「有り難い」ことに気づかずに、
どんどん「当たり前」が膨らんでいき、
困難や痛みを創り出している人も大勢います。

だから、今この瞬間に生きていることが有り難い、

今呼吸していることが有り難い、そう思えると、
いかなることにも感謝できるようになる。

我が家には、障がいを背負って生まれてきて
くれた長男がいます。けれど、長男はいつも
私たちに、体が動くこと、話ができることは、
素晴らしいことなんだよ、と気づかせてくれます、

当たり前のことは、有り難いことなんだよ、と。

ですから、もしあなたやあなたの周りに、
障がいをもった人が現れても、そこから何かを
学びとって欲しいと思います。

障がいがあっても、前向き・肯定的に、
日々チャレンジして生きていく姿にこそ、
人に伝えられる感動があるのです。

今、あなたやあなたの周りに痛みや苦しみがある人、
大変な人がいたら、どうか褒めてあげて下さい。

「良く頑張ってるね！」と。

認めてあげてください。

おわりに

そして、困難を乗り越えてきた人たちの
話をたくさん教えてあげて下さい。

それと、子育て中の皆さんにお願いがあります。
子どもたちが、「当たり前」に慣れないように、
常に努力や困難を乗り越える道も選ばせてあげて下さい。

何でも親に与えてもらった子どもや
何でも親がやってくれた子どもは、
感謝の気持ちがなくなってしまい、
不平の気持ちばかり多くなってしまいます。

昔から、

　「可愛い子どもに旅をさせる」

というように、親はいつも見守っていれば
良いのだと思います。

過剰な手助けは、かえって
その子の生きる力を減らしてしまう可能性もあります。

手を貸したり、お金を与えたり、
物を与えるよりも、一番あげて欲しいものがあります。

一緒に考えること、

**たくさん褒めてあげること、
強く抱きしめてあげること。**

それをしてあげて下さい。
これは、社員教育や人間教育でも
同じだと思います。

そうすれば、
地球は素晴らしい星になっていくでしょう。

最後にひと言。

私、「ペイ・フォワード」（恩を先に贈る）って映画が
好きなんです。
どういう映画かと言うと、自分が３人のために力を貸す。
そして、その３人に「ぼくに恩を返すのではなく、
あなたが違う３人の力になってあげて…」と伝える。
すると、どんどん親切が広がっていく。

この本は、実は私からの「ペイ・フォワード」なんです。
是非、良ければ、この本をたくさんの人に
プレゼントしてあげて下さいネ。

最後まで読んで頂き、
本当にありがとうございます。

こんな私のつたない文章を、一所懸命出版してくださった、
ごま書房新社代表の池田雅行さん、
編集部の大熊賢太郎さん、
いつも私を支えてくれている家族のみんな、
飯塚法恵さん、
そして、株式会社モミモミカンパニーのみんなに
心から感謝しています。

本当にありがとうございます。

感謝

矢島　実

●参考文献 ---------------------------------- （順不同）
『涙の数だけ大きくなれる！』木下晴弘／著（フォレスト出版）
『ココロでわかると必ず人は伸びる』木下晴弘／著（総合法令出版）
『私が一番受けたいココロの授業』比田井和孝・美恵／著（ごま書房新社）
『私が一番受けたいココロの授業講演編』
　　　　　　　　　　　　　比田井和孝・美恵／著（ごま書房新社）
『天才エジソンの秘密』ヘンリー幸田／著（講談社）
『僕たちの"夢のつかみ方"をすべて語ろう！』中村文昭・大嶋啓介／著（学研）
『ギブ＆ギブで上手くゆく』
　　　　　　　　志賀内泰弘／著（「プチ紳士を探せ！運動」事務局）
『人は何のために「祈る」のか』村上和雄・棚次正和／著（祥伝社）
『感動無き続く人生に興味なし』軌保博光／著（クラブサンクチュアリ）
『懸命に生きる子どもたち』池間哲郎／著（アジアチャイルドサポート）
『世界の偉人たちから届いた10の言葉』波田野毅／著（ごま書房新社）
『日本一心を揺るがす新聞の社説』水谷もりひと／著（ごま書房新社）

矢島実のオススメ本
(順不同)

読書は人生にとって価値ある時間です。
ぜひたくさんの本を読んでください。

『「き・く・あ」の実践』小林正観／著（サンマーク出版）
　○小林正観さんの「ありがとう」がよくわかる本です。

『あなたも魔法使いになれるホ・オポノポノ』
　　　　　　　　　　　滝澤朋子／著（Banksia　Books）
　○注目のホ・オポノポノが一目で簡単にわかります。

『ツキを呼ぶ魔法の言葉』五日市剛／著
　○120万部突破のすごく面白い、でも感動のストーリーです。

『心に響く小さな5つの物語』藤尾秀昭／著（致知出版社）
　○「致知」出版の書籍の中でも、矢島最高におススメの一冊です。

『鏡の法則』野口嘉則／著（総合法令出版）
　○大ベストセラー。「心の悩み」をもったら、まず読んでみて下さい。

『いのちをいただく』内田美智子／著（西日本新聞社）
　○「いただきます」の意味を子どもに教えてあげてください。

『なぜ「そうじ」をすると人生が変わるのか？』
　　　　　　　　　　　志賀内泰弘／著（ダイヤモンド社）
　○正直、最高に面白い！！掃除をするとお金持ちになる理由とは？

『波動速読法』飛谷ユミ子／著（エコー出版）
　○イメージトレーニングの教室にも使っている私の愛読書です。

『生きがいの創造』飯田史彦／著（PHP）
　○亡くなった人に会いたい時に読むと、心が癒される本です。

『大切な人に伝えたい　私の心に響いたサービス』坂本光司／著（同友館）
　○会社経営者には、是非おススメの一冊です。

『100番目のメッセージ』
　　　　大学生5人のメッセージプロジェクト／編（かんき出版）
　○「ワタミ」の社長さんやカメラマンの池間さんも登場するメッセージ本です。

＜著者プロフィール＞
矢島　実（やじま　みのる）

株式会社モミモミカンパニー代表取締役。アクア鍼灸整骨院代表。
1969年東京都生まれ。慶應義塾大学理工学部卒。卒業後は、プロトライアスロン選手として活躍するはずが挫折。
その後、鍼灸マッサージ師の資格を取得。トレーナーとして、数々のオリンピックや世界選手権に帯同したり、芸能人や著名人の心と体をサポート。現在は、全国で講演活動中。涙と感動の伝道師として、注目されている。
著書に『「ありがとう」が幸運を呼ぶ』（パレード）
前著の続編として、著者の製作した無料小冊子「涙と感動が幸運を呼ぶ」は、発行から5カ月で2万部を突破し、全国から喜びと感謝の声が続々と届き書籍版として本書の完成に至った。

● 著者ホームページ
　http://www.yajimaminoru.com
● １万人以上が読んでいる毎日の良い言葉のメッセージ
　矢島実の【運氣が上がる『奇跡のメルマガ』】
　http://www.yajimaminoru.com/category/1208201.html

「涙」と「感動」が幸運を呼ぶ

著　者	矢島　実
発行者	池田　雅行
発行所	株式会社 ごま書房新社
	〒101—0031
	東京都千代田区東神田2—1—8
	ハニー東神田ビル5F
	TEL 03—3865—8641（代）
	FAX 03—3865—8643
カバーデザイン	重久　加織
DTP	田中　敏子（ビーイング）
印刷・製本	中和印刷株式会社

Ⓒ Minoru Yajima, 2011, Printed in Japan
ISBN978-4-341-08473-8　C0030

人生を変える本との出会い
矢島実の最新情報
→
ごま書房新社のホームページ
http://www.gomashobo.com
※または、「ごま書房新社」で検索

著者　矢島実の最新情報をお届け中！

本書の"もと"となった、2万人以上が涙した
無料小冊子「涙と感動が幸運を呼ぶ」

PDF版ダウンロードは、「矢島実ドットコム」で！
http://www.yajimaminoru.com

心が温まる治療を心がける
【アクア鍼灸整骨院】
http://www.momimomi.jp

健康と成功の無料メルマガ【アクアタイムズ】
1万人以上が読んでいる
毎日の良い言葉のメッセージ
無料メルマガ
【運氣が上がる『奇跡のメルマガ』】
http://www.yajimaminoru.com/category/1208201.html

矢島実の講演DVD，オススメCDなどが沢山
【ありがとう笑店】http://www.nikoegao.com

ごま書房新社ベストセラー

第1弾

私が一番受けたい ココロの授業
人生が変わる奇跡の60分

比田井和孝　比田井美恵著

本書は、長野県のある専門学校で、今も実際に行われている授業を、話し言葉もそのままに、臨場感たっぷりと書き留めたものです。
授業の名は「就職対策授業」。
しかし、この名のイメージからは大きくかけ離れたアツい授業が行われているのです。
「仕事は人間性でするもの」という考えに基づいたテーマは、「人として大切なこと」。
真剣に学生の幸せを願い、生きた言葉で語る教師の情熱に、あなたの心は感動で震えることでしょう。
そして、この本を読み終えたとき、あなたは「幸せな生き方」の意味に気付くはずです。このたった一度の授業が、あなたの人生を大きく変えるに違いありません…。

定価1000円（税込）　A5判　212頁　ISBN978-4-341-13165-4　C0036

ココロの授業シリーズ合計18万部突破！

第2弾

私が一番受けたい ココロの授業 講演編

与える者は、与えられる─。

比田井和孝　比田井美恵著

読者からの熱烈な要望に応え、ココロの授業の完全新作が登場！本作は、2009年の11月におこなったココロの授業オリジナル講演会をそのまま本にしました。比田井和孝の繰り広げる前作以上の熱く、感動のエピソードを盛り込んでいます。前作に引き続き、「佐藤芳直」さん、「木下晴弘」さんに加え、「中村文昭」さん、「喜多川泰」さんなど著名人の感動秘話を掲載！
与える者は、与えられるのココロがあなたの人生を大きく変えるでしょう。

定価1000円（税込）　A5判　180頁　ISBN978-4-341-13190-6　C0036

ごま書房新社の本

日本一 心を揺るがす新聞の社説
~それは朝日でも毎日でも読売でもなかった~

みやざき中央新聞編集長 水谷もりひと 著

たちまち5刷!

- 感謝 勇気 感動 の章
  心を込めて「いただきます」「ごちそうさま」を/なるほどぉ～と唸った話/生まれ変わって「今」がある ほか10話

- 優しさ 愛 心根 の章
  名前で呼び合う幸せと責任感/ここにしか咲かない花は「私」/背筋を伸ばそう! ビシッといこう! ほか10話

- 志 生き方 の章
  殺さなければならなかった理由/物理的な時間を情緒的な時間に/どんな仕事も原点は「心を込めて」 ほか11話

- 終 章
  心残りはもうありませんか

口コミだけで全国から熱読される新聞「みやざき中央新聞」。読者数は1万人、感動で涙した人も1万人といわれる伝説の新聞です。
宮崎というローカルなところから発信していますが、宮崎の話題にとどまらず、「編集長水谷もりひと」が各種講演会を取材して、感動した話、心温まった話を中心に紹介しています。本書は、その中から編集長が厳選した「珠玉の41話」を掲載しています。

【新聞読者である著名人の方々も推薦!】

イエローハット創業者/鍵山秀三郎さん、作家/喜多川泰さん、コラムニスト/志賀内泰弘さん、社会教育家/田中真澄さん、(株)船井本社 代表取締役/船井勝仁さん…

そして、「私が一番受けたいココロの授業」著者 比田井和孝さんも絶賛!
「水谷さん!そのネタ、私の授業で使わせて下さい!!!」

定価税込:1260円　四六判　192頁　ISBN978-4-341-08460-8 C0030